¡Vamos a jugar, mamá!
Let's play, Mom!

Shelley Admont

Ilustrado por Biljana Serafimovska

www.kidkiddos.com
Copyright©2015 by S.A.Publishing ©2017 by KidKiddos Books Ltd.
support@kidkiddos.com

All rights reserved. No part of this book may be reproduced in any form or by any electronic or mechanical means, including information storage and retrieval systems, without written permission from the publisher or author, except in the case of a reviewer, who may quote brief passages embodied in critical articles or in a review.

Todos los derechos reservados. Ninguna parte de este libro se puede utilizar o reproducir de cualquier forma sin el permiso escrito y firmado de la autora, excepto en el caso de citas breves incluidas en reseñas o artículos críticos.

First edition, 2019

Edited by Martha Robert
Translated from English by Laura Bastons Compta
Traducido del Inglés por Laura Bastons Compta
Spanish editing by Víctor Gálvez Peralta
Corrección de texto en español por Víctor Gálvez Peralta

Library and Archives Canada Cataloguing in Publication
Let's play, Mom! (Spanish English Bilingual Edition) / Shelley Admont

ISBN: 978-1-5259-1400-3 paperback
ISBN: 978-1-5259-1401-0 hardcover
ISBN: 978-1-5259-1399-0 eBook

Please note that the Spanish and English versions of the story have been written to be as close as possible. However, in some cases they differ in order to accommodate nuances and fluidity of each language.

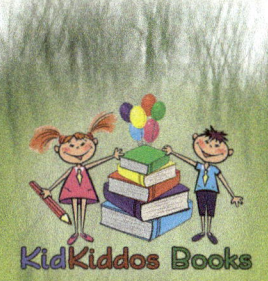

Mi mamá es una científica. Es un trabajo muy importante. Ella está muy ocupada.

My mom is a scientist. It is a very important job. She is very busy.

Cada día, mi mamá me recoge de la escuela.

Every day, Mom picks me up from school.

- ¡Hola, dulce princesa- dice mamá con una gran sonrisa y un abrazo.

"Hello, sweet pea!" Mom says, with a big smile and a hug.

Yo siempre le pregunto:
- ¿Vamos al parque hoy?

I always ask, "Are we going to the park today?"

Y cada día mi mamá se ríe.

And every day, Mom laughs.

Dice, "Sí", y me lleva al parque enorme que hay en la esquina de nuestra calle. Es mi lugar favorito.

She says, "Yes," and takes me to the big park on the corner of our street. It's my favorite place to go.

Hay un gran tobogán rojo con columpios; y mi parte favorita de todas, el pasamanos.

There is a big red slide and swings, and my favorite part of all – the monkey bars.

Puedes balancearte con los pies colgando en el aire y pretender ser lo que tú quieras.

You can swing along with your feet hanging in the air and pretend to be anything you like.

Algunos días soy una pirata columpiándose por el mástil de mi propio gran barco pirata.

Some days, I am a pirate swinging through the mast of my own big pirate ship.

Otros días soy una exploradora. En esos días tengo que cruzar todo el patio sin caer en el río que me imagino debajo.

Other days, I am an explorer. On those days, I have to cross the whole playground without falling into the river that I imagine is below.

Pero mamá nunca se une a mis juegos porque es una científica y tiene mucho trabajo. Ella se sienta en el banco y teclea.

But Mom never joins in with my games. Because she is a scientist and has a lot of work. She sits on the bench and types.

- Mamá- le pregunto, - ¿vendrás conmigo y jugarás?

"Mom," I ask, "will you come and play?"

Mamá levanta la vista desde el ordenador. - Lo siento dulce , tengo que trabajar un poco más.

Mom looks up from the laptop. "Sorry, sweet pea. I've got to do some more work."

Al día siguiente, despúes de la escuela, algo es un poco distinto.

After school the next day, something is a little different.

Cuando mamá me dice:
– ¡Hola cariño! – su sonrisa no es tan grande.

When she says, "Hello, sweet pea!" her smile is not so big.

Cuando le pregunto:
- ¿Vamos al parque hoy?
- Si - dice, pero no se ríe.

When I ask, "Are we going to the park today?" she says, "Yes," but she doesn't laugh.

Voy al patio de juegos y mi mamá se sienta en el banco.

I go to the playground and my Mom sits down on the bench.

Tengo una idea. Jugar me hace feliz, así que también debería hacer feliz a mi mamá.

I have an idea. Playing makes me happy, so it should make Mom happy as well.

– ¡Ven y juega conmigo mamá! –le digo.

"Come and play with me, Mom!" I say.

– No puedo dulce princesa. Probablemente me caería de esa cosa de todas formas, - dice mamá con una triste sonrisa.

"I can't, sweet pea. I would probably fall off that thing anyway," says Mom, with a sad smile.

– ¡Te enseñaré mamá! ¡Es divertido!

"I'll teach you, Mom! It's fun!"

Mamá suspira. Baja su ordenador y se acerca a mí.

Mom sighs. She puts down her laptop and comes over to me.

– Vamos pues dulce princesa – dice ella.- Muéstrame.

"Come on then, sweet pea," she says. "Show me."

Cuando sube a lo alto de la escalera, empieza a sonreír de nuevo.

When she climbs up the ladder, she starts to smile again.

Le enseño como columpiarse de una barra hasta otra. Le muestro cómo sostenerse en las barras.

I teach her how to swing from one bar to the other.
I show her how to hold the bars.

*Cuando lo hace mal, le digo:
– ¡No mamá, así mira! – y ella sonríe. Es una gran sonrisa.*

When she does it wrong, I say, "No, Mom, like this!" and she smiles. It's a big smile.

Pronto, mamá y yo estamos dando vueltas.

Soon, Mom and I are both swinging around.

- ¡Vamos a fingir que somos unos monos reales en el bosque! –digo. - ¡Mira, estoy comiendo un plátano!

"Let's pretend we're real live monkeys in a forest!" I say. "Look, I'm eating a banana!"

- Soy una mamá mono entonces – dice mamá, balanceándose. - ¡Mira, pequeño mono, te estoy persiguiendo!

"I'm a mommy monkey, then," says Mom, swinging. "Look, baby monkey, I'm chasing you!"

Pero he estado jugando en este patio mucho más que mamá. Soy más rápida y ella no me puede atrapar. Eso nos hace reír a las dos.

But I have been playing at this playground longer than Mom. I am faster, and she can't catch me.

Eso nos hace reír a las dos.

That makes us both laugh.

- ¿Te gusta jugar mamá? – le pregunto colgando boca abajo.
"Do you like to play, Mom?" I ask, hanging upside down.

Mamá se ríe.
- Si dulce princesa, ¡me encanta jugar!
Mom laughs, "Yes, sweet pea, I love to play!"

¡Mi mama está contenta otra vez!
My mom is happy again now!

Jugamos hasta casi la hora de acostarse. Después mamá me acompaña a casa, cogiéndome la mano.

We play until it is nearly bedtime. Then Mom walks me back home, holding my hand.

- ¡Eso fue divertido! - digo.- ¿Podemos hacerlo de nuevo?

"That was fun!" I say. "Can we do it again?"

- Sí, claro que podemos- dice mamá.

"Yes, of course we can," says Mom.

Al día siguiente, después de la escuela, mamá pasa por mí de nuevo y me lleva al patio de juegos.

The next day, after school, Mom picks me up again and takes me to the playground.

Cuando llegamos al parque, mamá no se sienta en el banco.
When we get to the park, Mom doesn't sit down on the bench.

- ¿Qué estás haciendo mamá?- pregunto.
"What are you doing, Mom?" I ask.

- Voy a jugar contigo. ¡Es divertido!- dice mamá.
"I'm going to play with you. It's fun!" says Mom.

¡Estoy tan feliz! Siempre he querido que mi mamá juegue conmigo.
I am so happy! I have always wanted my mom to play with me.

Jugamos de nuevo en el patio. Mi madre tiene muchas buenas ideas para juegos. ¡Esto hace que jugar sea aún mejor!
We play at the playground again. My mom has lots of good ideas for games. That makes playing even better!

Y a ella le gusta. ¡Tanto como a mí!

And she likes it – just as much as I do!

www.ingramcontent.com/pod-product-compliance
Lightning Source LLC
LaVergne TN
LVHW072105060526
838200LV00061B/4808